BIBLIOTHÈQUE

HISTORIQUE & MILITAIRE

PUBLIÉE PAR

CH. LISKENNE & SAUVAN

CAMPAGNES D'ALGÉRIE, DE CRIMÉE ET D'ITALIE

PLANCHES.

PARIS
ADMINISTRATION, 13, RUE D'ANJOU-DAUPHINE

1862

ATLAS
TOPOGRAPHIQUE MILITAIRE

ATLAS

TOPOGRAPHIQUE MILITAIRE

CONTENANT

1° UNE ÉTUDE SUR LA LECTURE DES CARTES TOPOGRAPHIQUES

2° LES PRINCIPALES BATAILLES DE LA RÉPUBLIQUE, DU CONSULAT ET DE L'EMPIRE

3° LES CAMPAGNES DE L'ALGÉRIE, DE LA CRIMÉE ET DES GUERRES D'ITALIE

PUBLIÉ SOUS LA DIRECTION DE M. CH. LISKENNE

PLANCHES

PARIS

ADMINISTRATION : RUE D'ANJOU-DAUPHINE, 13

1861

BIBLIOTHÈQUE MILITAIRE.

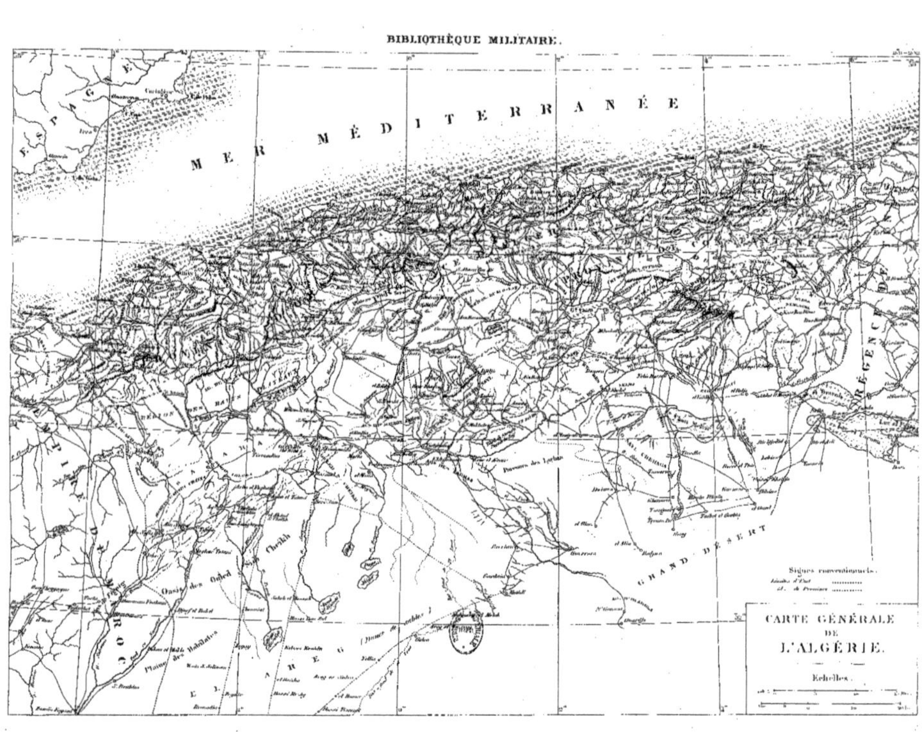

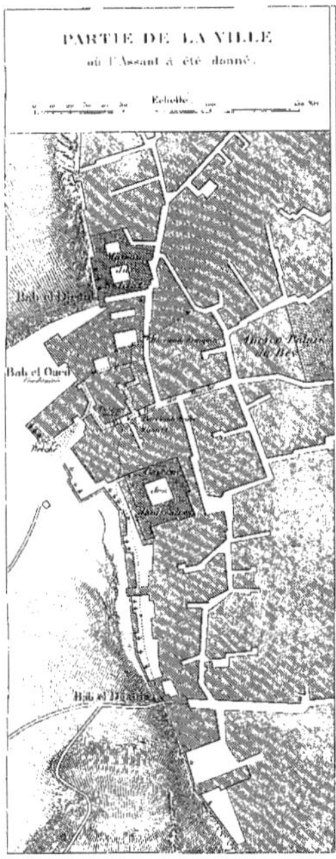

PARTIE DE LA VILLE
où l'Assaut à été donné.
Echelle.
Bab el Djedid
Bab el Oued
Ancien Palais du Bey
Bab el Djabia
PLAN DU SIÉGE 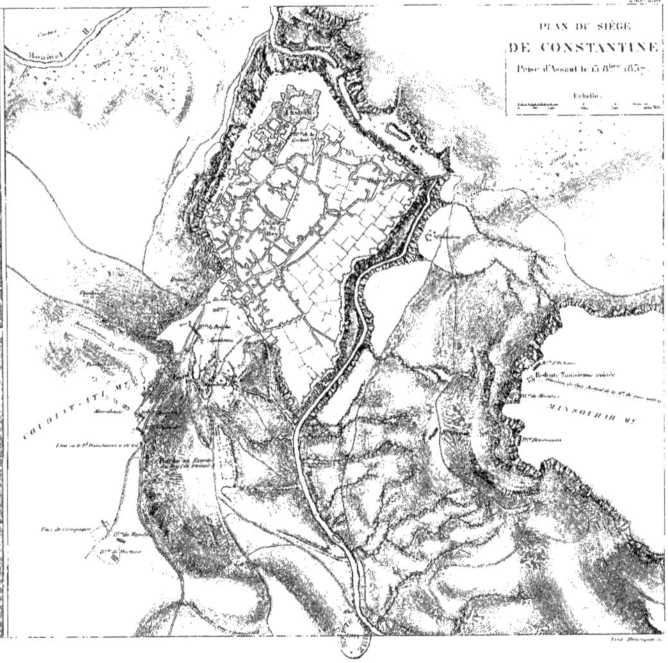
DE CONSTANTINE
Prise d'Assaut le 13 8bre 1837.
Echelle.
Rummel
COUDIAT-ATI M.
Redoute Tunisienne
MANSOURAH M.

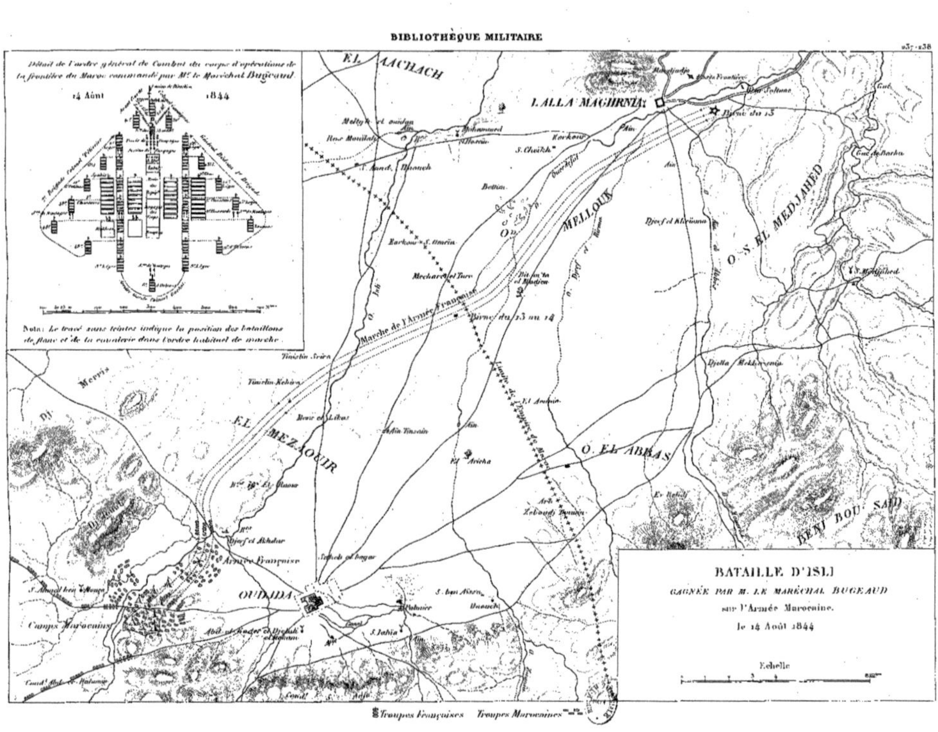
Détail de l'ordre général de Combat du corps d'opérations de la frontière du Maroc commandé par Mr. le Maréchal Bugeaud
14 Août 1844
Nota: Le tracé sans teintes indique la position des bataillons de flanc et de la cavalerie dans l'ordre habituel de marche.
EL AACHACH
LALLA MAGHRNIA
Bivac du 13
O. S. EL MEDJAHED
MELLOUK
Marche de l'Armée Française
Bivac du 13 au 14
EL MEZAOUIR
O. EL ABBAS
BENI BOU SAID
Armée Française
OUDJDA
Camps Marocains
BATAILLE D'ISLY
GAGNÉE PAR M. LE MARÉCHAL BUGEAUD
sur l'Armée Marocaine.
le 14 Août 1844
Echelle
Troupes Françaises
Troupes Marocaines

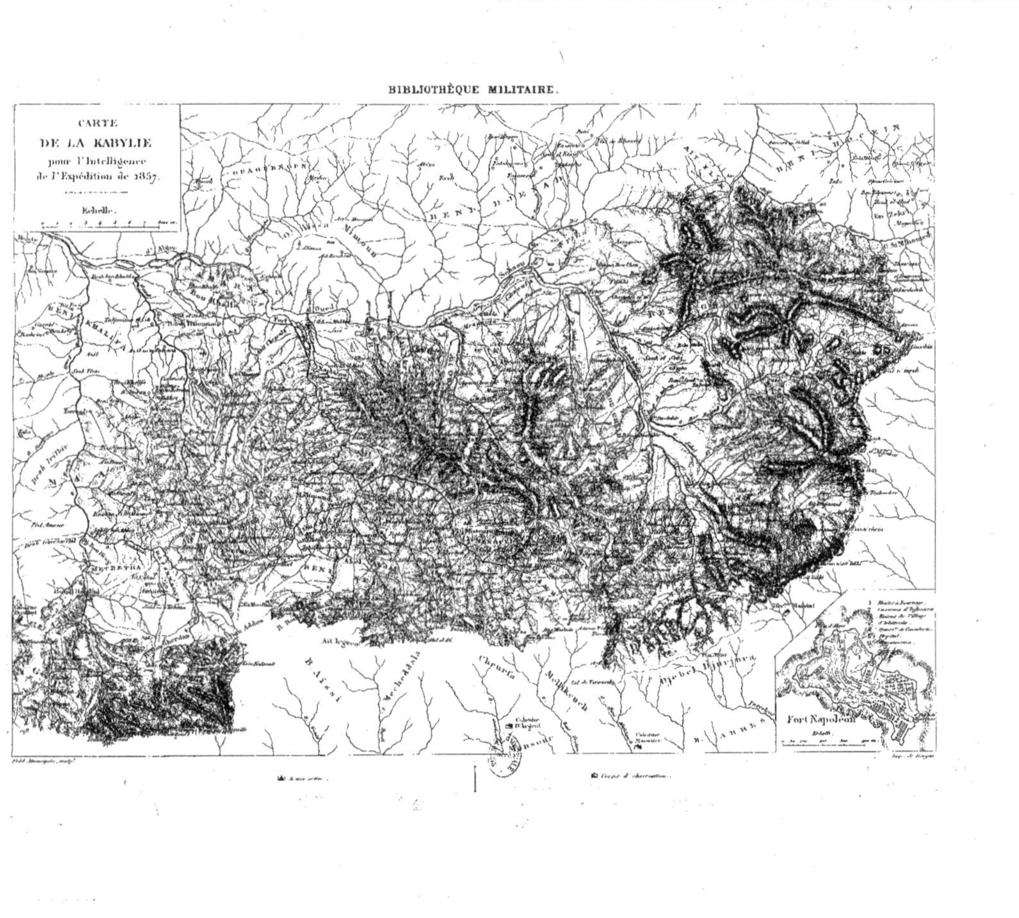
CARTE
DE LA KABYLIE
pour l'Intelligence
de l'Expédition de 1857.
Echelle.
Fort Napoléon

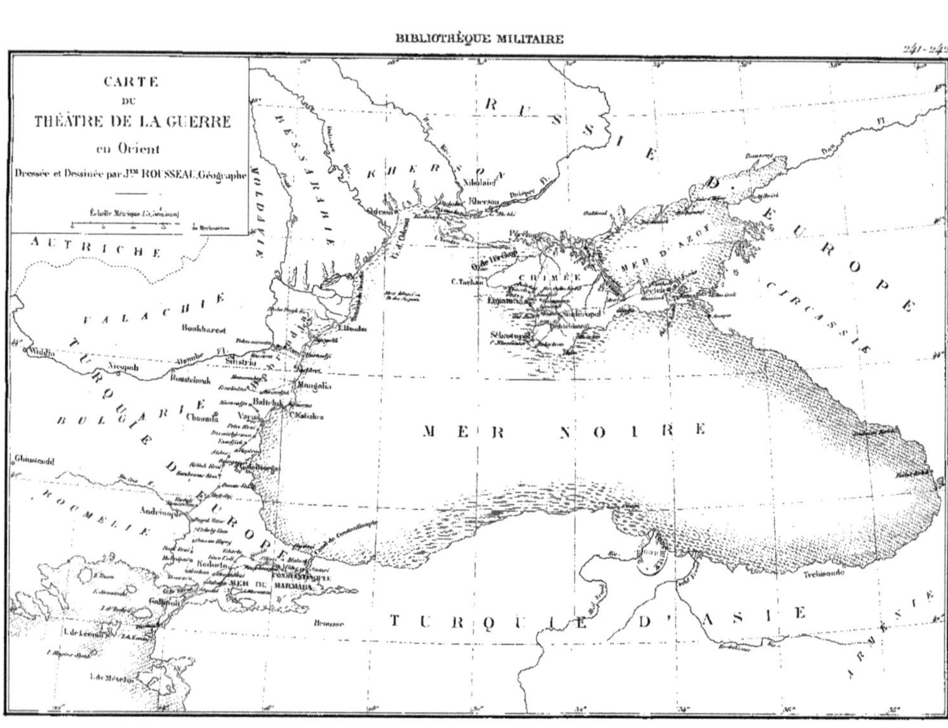
CARTE
DU
THÉÂTRE DE LA GUERRE
en Orient
Dressée et Dessinée par J.[m] ROUSSEAU, Géographe
AUTRICHE
MOLDAVIE
BESSARABIE
KHERSON
RUSSIE D'EUROPE
VALACHIE
Bouhharest
Widdin
Nicopoli
Danube Fl.
Silistria
Roustchouk
Mangalia
Baltchik
Choumla
Varna
C. Kaliakra
TURQUIE D'EUROPE
BULGARIE
Ghiustendil
ROUMELIE
Andrinople
Gallipoli
CONSTANTINOPLE
MER DE MARMARA
Brousse
I. de Lemnos
I. de Mételin
Odessa
Nicolaïef
Kherson
Dnieper Fl.
Pérékop
C. Tarkan
CRIMÉE
Eupatoria
Simféropol
Sébastopol
MER D'AZOF
Kertch
Don Fl.
CIRCASSIE
MER NOIRE
TURQUIE D'ASIE
Trébisonde
ARMÉNIE

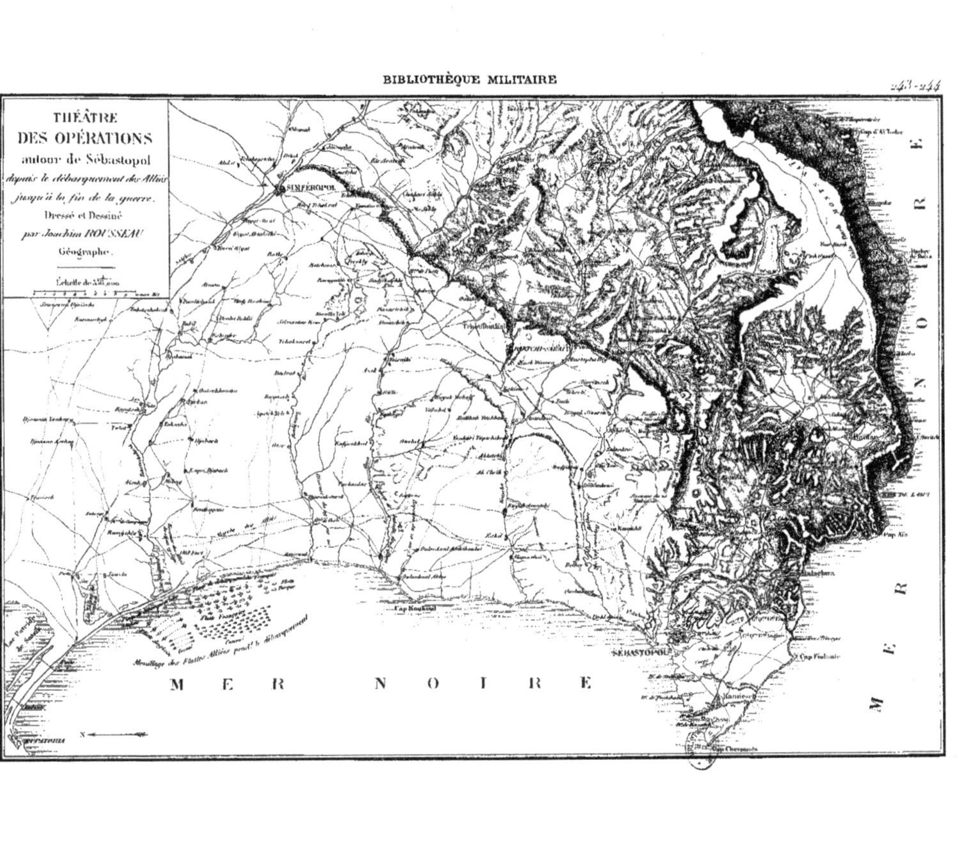
THÉÂTRE
DES OPÉRATIONS
autour de Sébastopol
depuis le débarquement des Alliés
jusqu'à la fin de la guerre.
Dressé et Dessiné
par Joachim ROUSSEAU
Géographe.
SIMFÉROPOL
SÉBASTOPOL
Balaclava
M E R N O I R E
M E R N O I R E

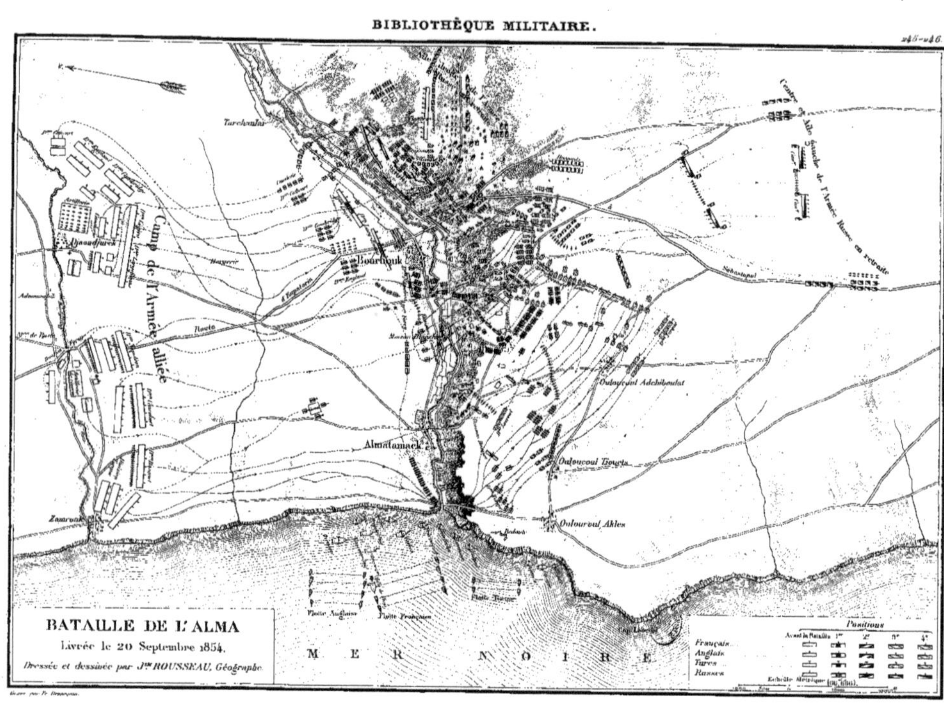

BATAILLE DE L'ALMA

Livrée le 20 Septembre 1854.

Dressée et dessinée par J^{ne} ROUSSEAU, Géographe.

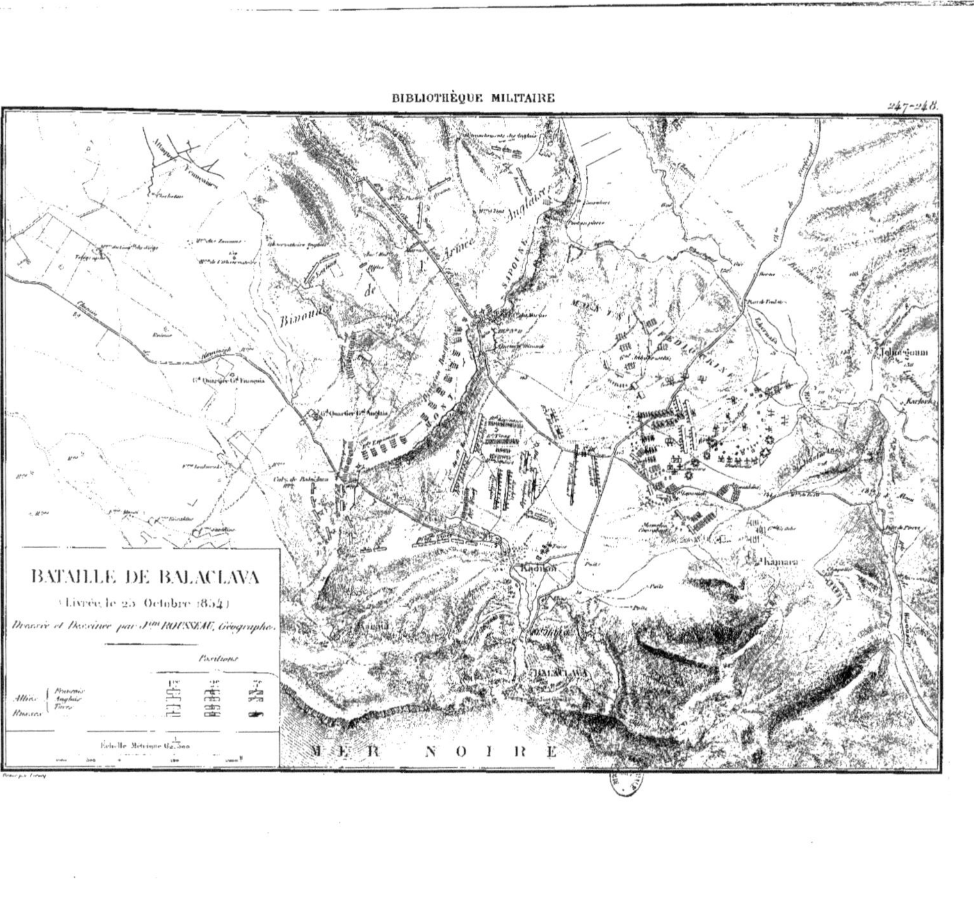
BATAILLE DE BALACLAVA
(Livrée le 25 Octobre 1854)
Dressée et Dessinée par J.ᵐ ROUSSEAU, Géographe.
Positions
Alliés
Français
Anglais
Turcs
Russes
Binouac de l'Armée Anglaise
MER NOIRE
BALACLAVA
Kadikoi
Kamara
Karlovka
Tchorgoum
G.ᵈ Quartier G.ˡ Français
Télégraphe

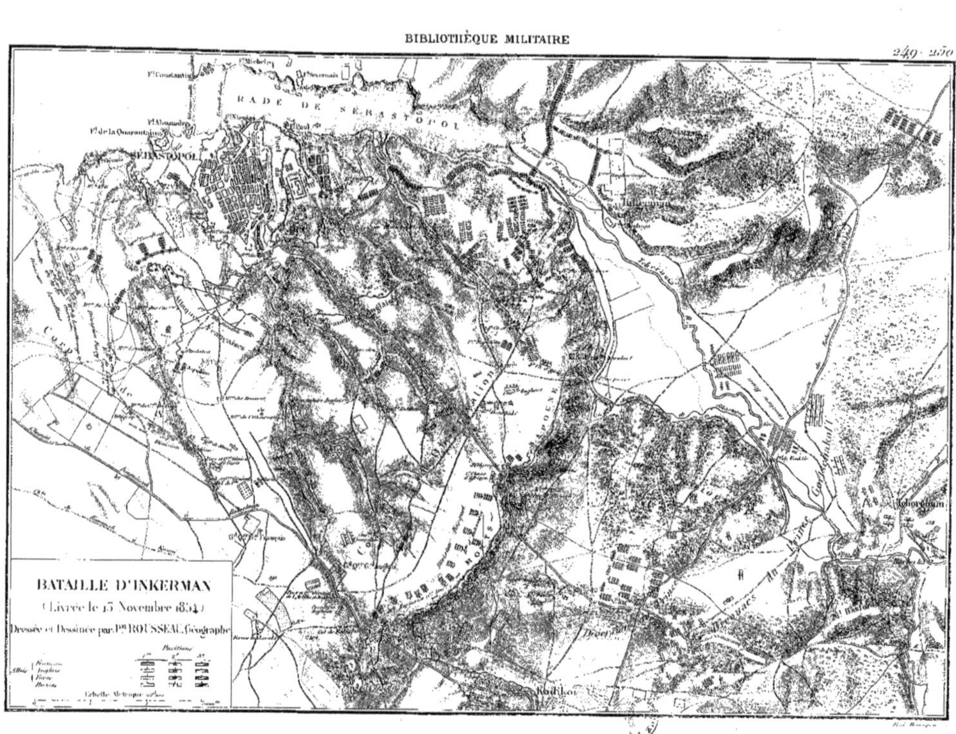
RADE DE SÉBASTOPOL
SÉBASTOPOL
Ft Constantin
Ft Alexandre
Ft de la Quarantaine
Inkerman
Tchorgoun
Kadikoï
BATAILLE D'INKERMAN
(Livrée le 5 Novembre 1854)
Dressée et Dessinée par Pre ROUSSEAU, Géographe
Positions

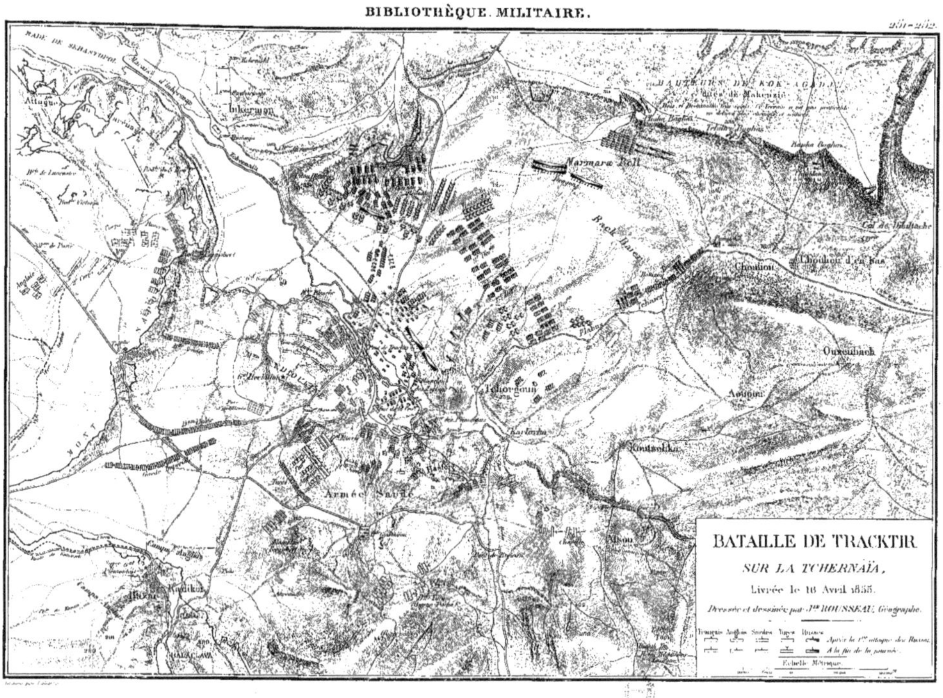

BATAILLE DE TRACKTIR
SUR LA TCHERNAÏA,
Livrée le 16 Avril 1855.
Dressée et dessinée par J.ᵗᵉ ROUSSEAU, Géographe.
Français
Anglais
Sardes
Turcs
Russes
Après la 1.re attaque des Russes.
A la fin de la journée.
Echelle Métrique
Marmara Bell
Tchorgoun
Inkerman
Armée Sarde
Chouliou
Ouzenbach
Aoupka
Koutsoukka
Kadikoi
Balaclava
Col de Baidache
Attaque
Camp Anglais
Rade de Sébastopol
Hauteurs de Kok-Agadj
Rach Daresi

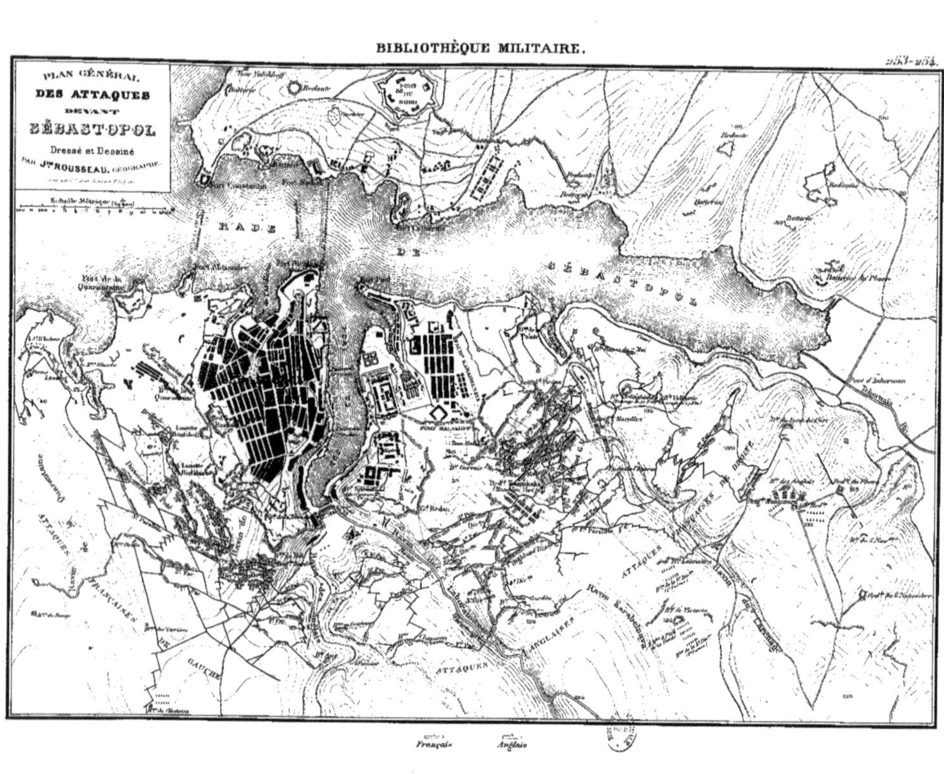
PLAN GÉNÉRAL
DES ATTAQUES
DEVANT
SÉBASTOPOL
Dressé et Dessiné
PAR J^{ne} ROUSSEAU, GÉOGRAPHE
Echelle Métrique
RADE
DE
SÉBASTOPOL
FORT DU NORD
ATTAQUES
ANGLAISES
ATTAQUES FRANÇAISES DE GAUCHE
Français
Anglais

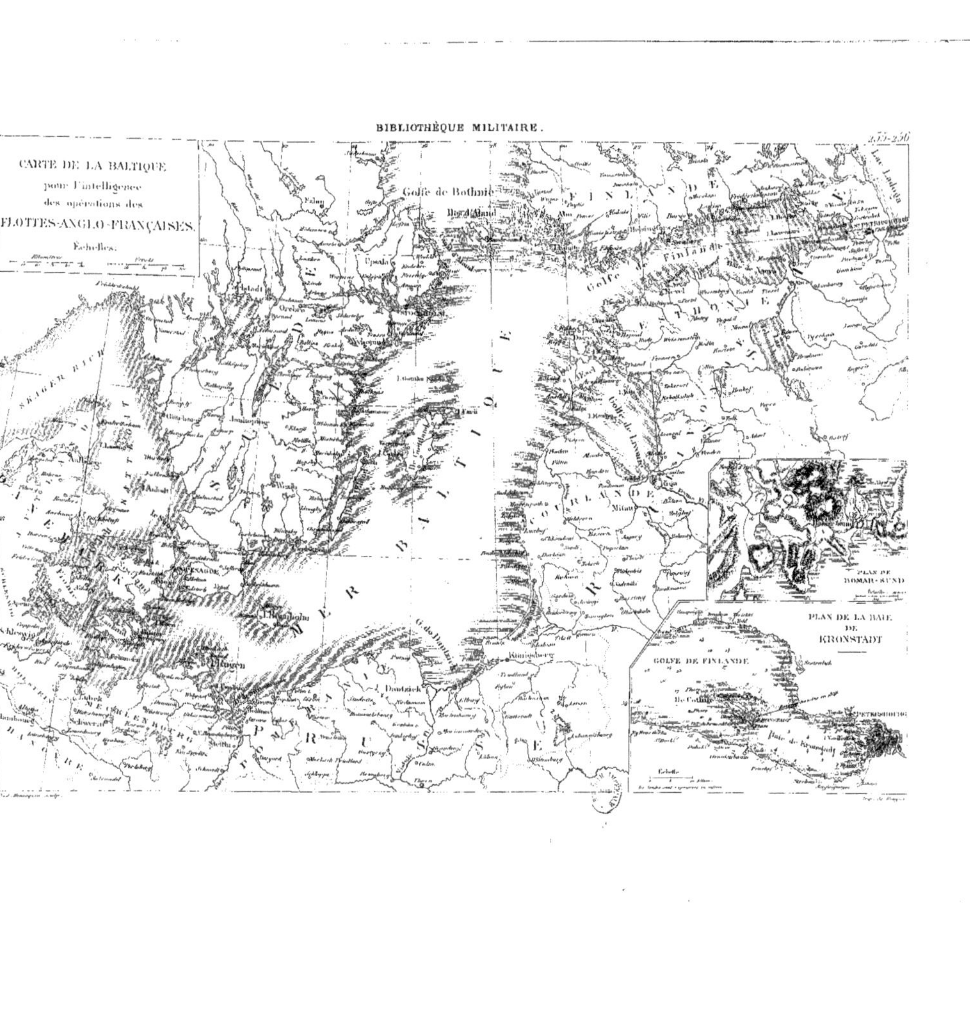
CARTE DE LA BALTIQUE
pour l'intelligence
des opérations des
FLOTTES-ANGLO-FRANÇAISES.
Échelles:
Golfe de Bothnie
FINLANDE
Lac Ladoga
Golfe de Finlande
ESTHONIE
Golfe de Livonie
COURLANDE
MER BALTIQUE
G. de Dantzick
Dantzick
Kœnigsberg
PRUSSE
POMÉRANIE
DANEMARK
SKAGER RACK
Upsala
Falun
Orebro
Stockholm
Riga
Mitau
Stettin
Rügen
Lübeck
Hambourg
Schwerin
PLAN DE BOMAR-SUND
PLAN DE LA BAIE DE KRONSTADT
GOLFE DE FINLANDE
Ile Cotlin
Baie de Kronstadt
PETERSBOURG
Échelle

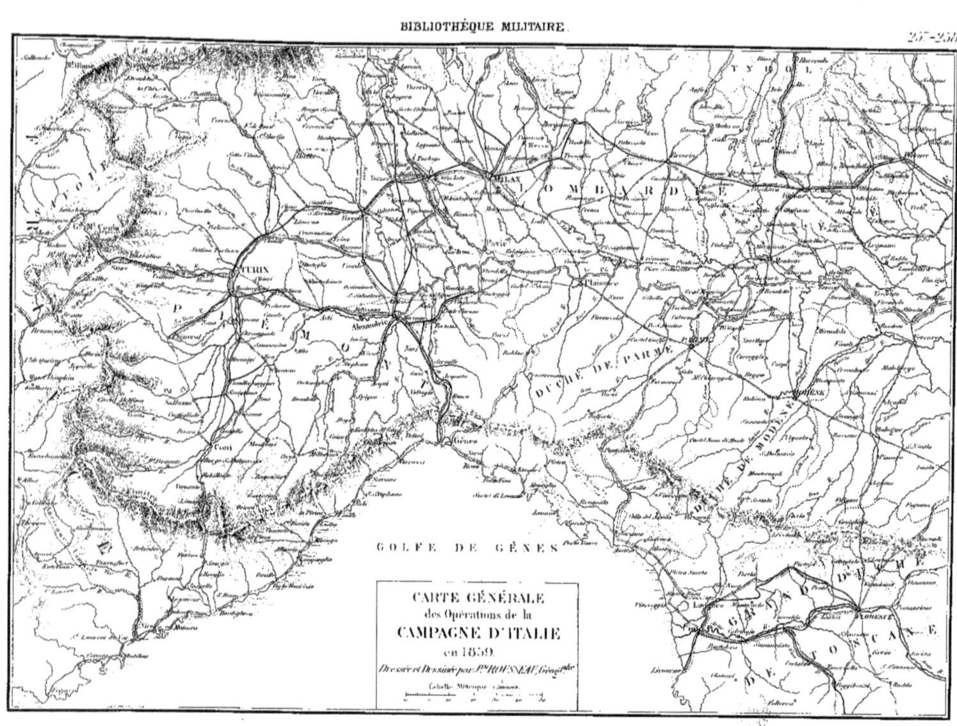
CARTE GÉNÉRALE
des Opérations de la
CAMPAGNE D'ITALIE
en 1859.
Dressée et Dessinée par P.re ROUSSEAU, Géogr.phe
Échelle Métrique
GOLFE DE GÊNES
LOMBARDIE
PIÉMONT
SAVOIE
TYROL
DUCHÉ DE PARME
DUCHÉ DE MODÈNE
GRAND DUCHÉ DE TOSCANE
TURIN
Alexandrie
Plaisance
Gênes
Coni
Asti
Pavie
Livourne
Lucques

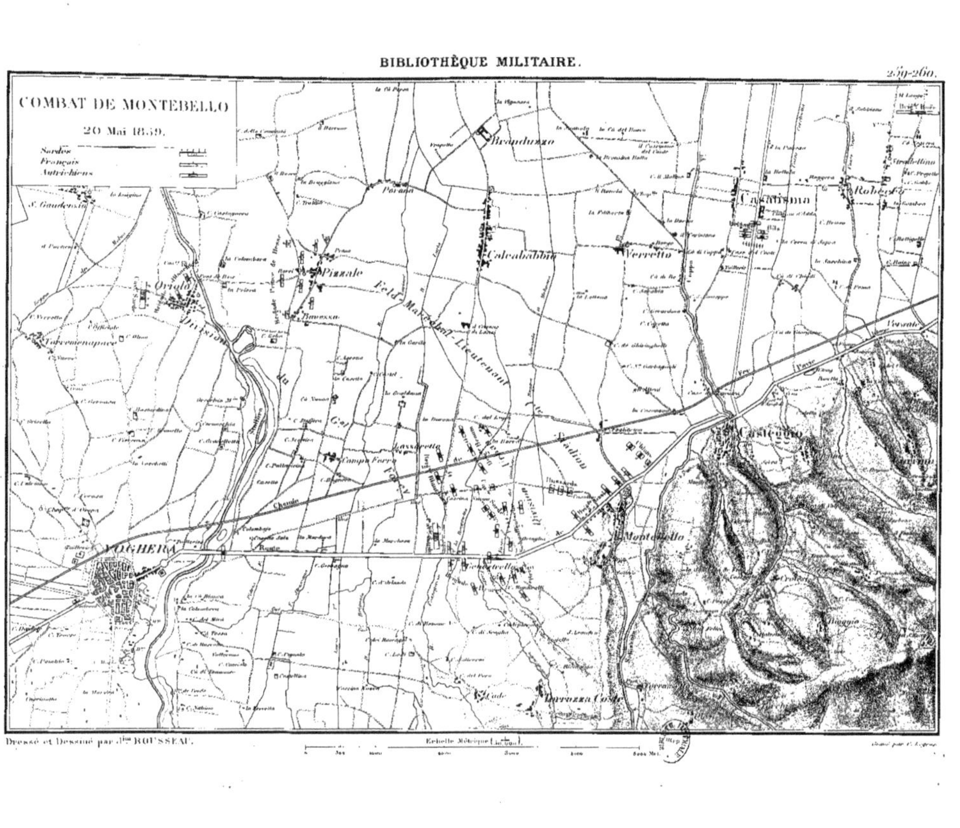
COMBAT DE MONTEBELLO
20 Mai 1859.
Sardes
Français
Autrichiens
Branduzzo
Porana
Pizzale
Oriolo
Calcababbio
Verretto
Casatisma
Robecco
Torremenapace
Casteggio
Montebello
Genestrello
VOGHERA
Feld Maréchal-Lieutenant
Division
Dressé et Dessiné par Jles ROUSSEAU.
Echelle Métrique

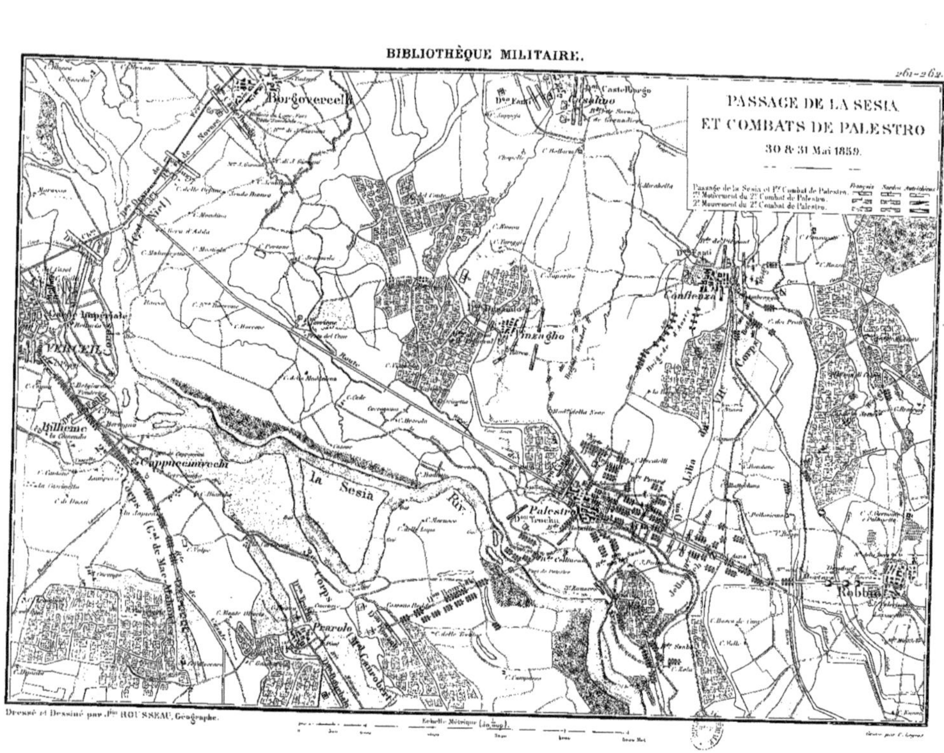
PASSAGE DE LA SESIA
ET COMBATS DE PALESTRO
30 & 31 Mai 1859.
Passage de la Sesia et 1er Combat de Palestro.
1er Mouvement du 2e Combat de Palestro.
2e Mouvement du 2e Combat de Palestro.
Français
Sardes
Autrichiens
Borgovercelli
Casalino
Confienza
Vinzaglio
Palestro
VERCEIL
Billieme
Cappuccinivecchi
la Sesia
Prarolo
Robbio
Dressé et Dessiné par Jles ROUSSEAU, Géographe.
Echelle Métrique

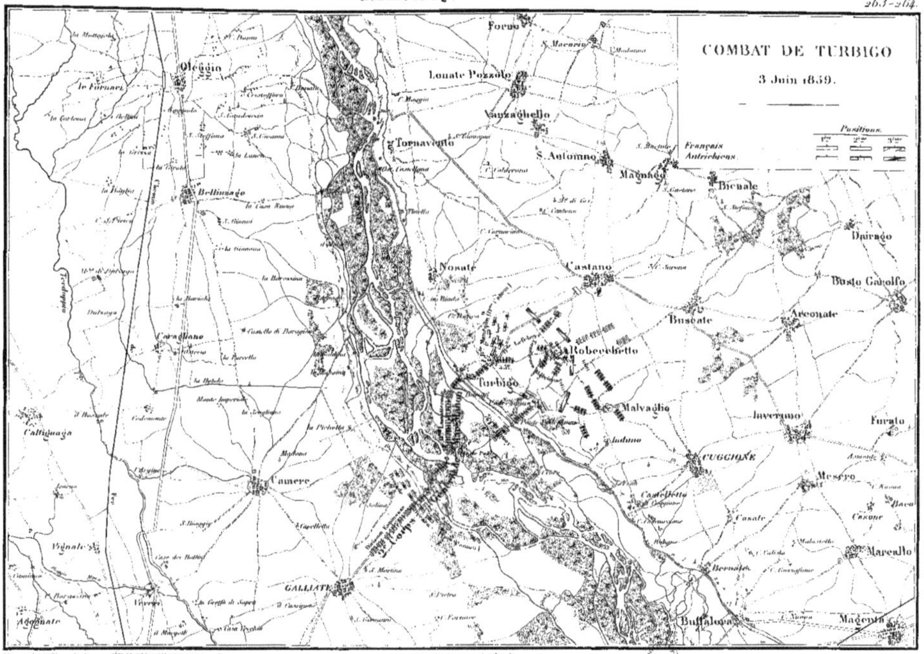

COMBAT DE TURBIGO

3 Juin 1859.

Positions.

Français

Autrichiens

Dressé et Dessiné par J. ROUSSEAU, Géographe.

Echelle Métrique (1/86400)

0 1000 2000 3000 4000 5000 Met.

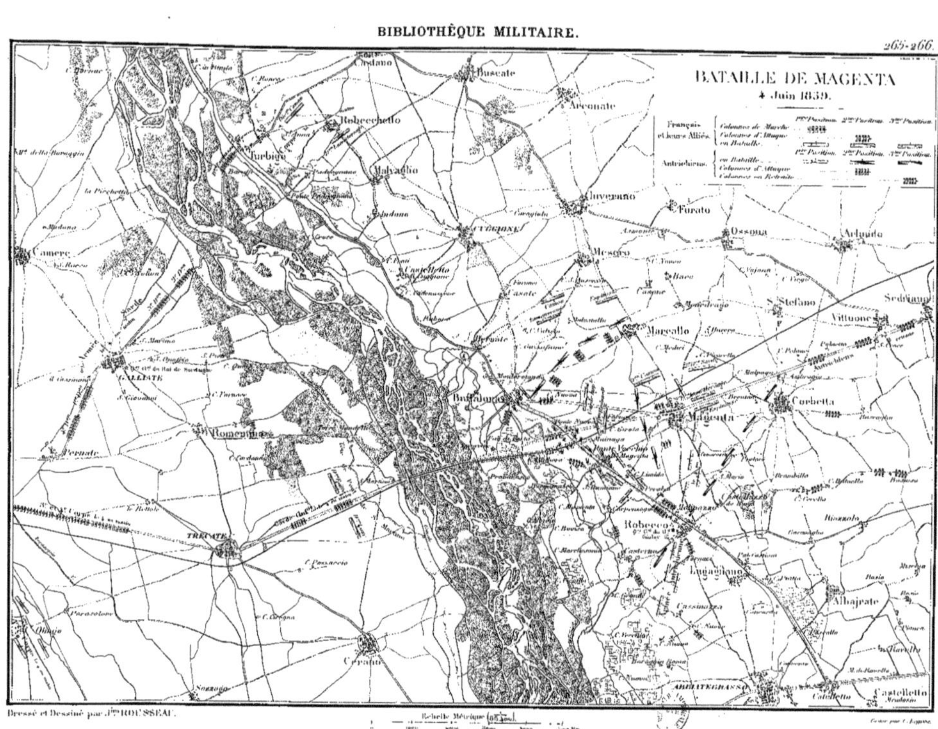

Dressé et Dessiné par J.te ROUSSEAU.
Echelle Métrique

COMBAT DE MELEGNANO

8 Juin 1859.

Français — Avant le combat — Positions: 1re, 2me, 3me

Autrichiens — Pendant le combat — Dernière Position

MILAN · Linate · Mezzate · Cassignanica · Settala · Pantigliate · Peschiera · Morsenchio · Novegro · Triulzo · Nosedo · Vigentino · Zelo Foramagno · Vigliano · Mercugnano · Chiaravalle · S. Donato · Bolgiano · Robbiano · Cannobio · Gavazzo · Trisiano · PAULLO · Zelo Buon Persico · Macconago · Quinto Sole · Sesto Ulteriano · Carpianello · Bustighera · Mediglia · Villa Ambrera · Mulazzano · Giuliano · Zivido · Viboldone · Colturano · Dresano · Balbiano · Cassino d'Alberi · Vizolo · Villa Pompeiana · Cervignano · Opera · Mezzano · S. Brera · Pedriano · MELEGNANO · Isola Balba · Galgagnano · Quartiano · Pieve · Locate · Zunico · Vizzolo · Casolta · Arcagna · Carpiano · Riozzo · Sordio · Villavesco · Montanaso · Pizzabraza · Arcagnago · Cerro · Pezzolo di Tavazzano · S. Zenone · Tavazzano · Gugnano · Pairana · C. de Zecchi · Bagnolo · Trognano · LODI

Dressé et Dessiné par Jh ROUSSEAU, Géographe.

Échelle métrique (1/80,000)

Gravé par Legros

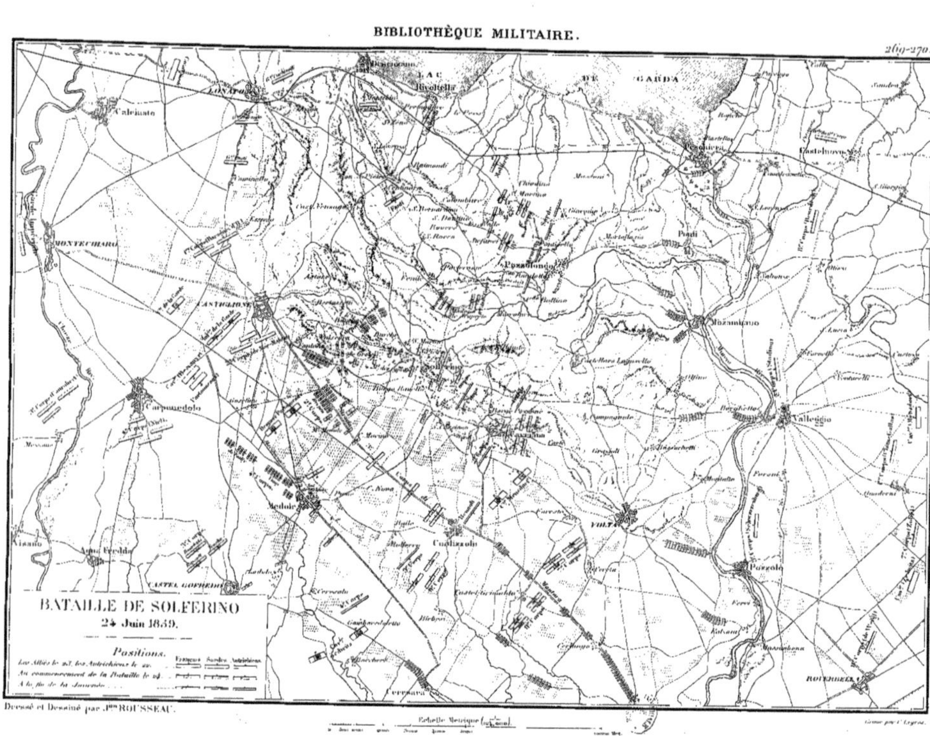
BATAILLE DE SOLFERINO
24 Juin 1859.
Positions.
LAC
DE
GARDA
Lonato
Calcinato
Montechiaro
Castiglione
Carpenedolo
Medole
Guidizzolo
Volta
Pozzolengo
Peschiera
Castelnuovo
Valleggio
Pozzolo
Roverbella
Mozambano
Rivoltella
Castel Goffredo
Acqua Fredda
Visano
Cerlungo
Ceresara
Dressé et Dessiné par J.ne ROUSSEAU.

TABLE

DES CARTES ET DES PLANS

DE LA

BIBLIOTHÈQUE HISTORIQUE ET MILITAIRE

ET DE SON COMPLÉMENT.

ÉTUDE SUR LA LECTURE DES CARTES TOPOGRAPHIQUES.

N° d'ordre gravé sur chaque carte.	
35—36	Ordres de marche d'une armée romaine.
37—38	Ordres de bataille de Végèce et de Jomini.
39—40	Camp romain sous les Consuls.
41—42	Bataille d'Adis et de Tunis.
43—44	Carte pour servir à l'intelligence du passage des Alpes par Annibal.
45—46	Combat du Tessin et bataille de la Trébia.
47—48	Bataille de Thrasymène et du Métaure.
49—50	» de Cannes.
51—52	» d'Ilinga.
53—54	» de Zama.
55—56	» des Cynocéphales et de Pydna.
57—58	» du Muthul.
59—60	» d'Orchomènes et de Tygranocerte.
61—62	» d'Artaxate et de Lantaglo.
63—64	» de Crassus contre les Parthes.
65—66	Camp romain sous les Empereurs.

TOME III.

67—68	Carte des Gaules.
69—70	Tentative des Helvètes pour traverser le Rhône et passage de la Saône.
71—72	Combat de César contre les Helvètes, première et deuxième position.
73—74	Bataille de César contre Arioviste.
75—76	Combat sur l'Aisne.
77—78	» sur la Sambre.
79—80	César enferme sa flotte dans son camp. Rencontre entre Titurius Sabinus et Ambiorix.
81—82	Attaque du camp de Quintus Cicero par Ambiorix.
83—84	Siége d'Alise.
85—86	Cours de la Sègre, depuis Lérida jusqu'à Méquinensa.
87—88	» entre Camara et Corbins.
89—90	» entre Corbins et Lérida.
91—92	Environs de Dyracchium.
93—94	Bataille de Pharsale.
95—96	Armes en usage chez les Romains.

TOME IV.

97—98	Batailles de Bouvines.
99—100	» de Crécy.
101—102	» de Poitiers.
103—104	» d'Azincourt.
105—106	Profils de front, d'après Montecuculli.
107—108	Carte du Danube, du Rhin et de la Moselle.
109—110	Armée marchant en avant, tête de colonne à droite et à gauche.
111—112	Bataille de Ramillies.
113—114	» de Malplaquet.
115—116	Carte des Pays-Bas espagnols.

N° d'ordre gravé sur chaque carte.	

TOME V.

117—118	Plan 1 et 2.
119—120	» 3 et 4.
121—122	» 5 et 6.
123—124	» 7 et 8.
125—126	» 9 et 10.
127—128	» 11 et 12.
129—130	Lloyd, plan 1.
131—132	» » 2.
133—134	Front bastionné.
135—136	Profil pour le système de fortifications primitives.
137—138	Carte générale des Alpes.
139—140	Siége de Gênes.
141	Echiquier stratégique de 1806.
142—143	Ordres de bataille offensifs et défensifs.
144—145	Cartes Y et Z.
	Tableaux des forces et distributions au siége de Gênes.

TOME VI.

146	Portrait de Napoléon.
147—148	Ile Sainte-Hélène.
149—150	Fac-simile (au général Gourgaud).
151—152	Siége de Toulon.
153—154	Défense de Gênes et du Var.
155—156	Théâtre de la Guerre d'Italie en 1800 et 1801.
157—158	Attaque de Copenhague le 2 avril 1801.
159—160	Combat naval d'Aboukir.
161—162	Fac-simile (paisible spectateur).
163—164	Carte générale des Guerres de la Vendée.
165—166	Carte particulière du théâtre des guerres de la Vendée.
167—168	Allemagne en 1800, 1re planche.
169—170	D° d° 2e planche.
171—172	Espagne et Portugal.
173—174	Lonato et Castiglione.
175—176	Arcole.
177—178	Rivoli.
179—180	Les Pyramides.
181—182	Héliopolis.
183—184	Zurich.
185—186	Marengo.
187—188	Hohenlinden.

TOME VII.

189—190	Austerlitz.
191—192	Iéna et Auerstadt.
193—194	Preussisch-Eylau.

TABLE DES CARTES

DONT SE COMPOSE

L'ATLAS TOPOGRAPHIQUE MILITAIRE.

ÉTUDE SUR LA LECTURE DES CARTES TOPOGRAPHIQUES.

Batailles de Thann, d'Abensberg, d'Eckmühl, et combats de Siegensburg, Landshut, Ratisbonne, etc.
Bataille de Wagram.
Bataille de Smolensk.
Bataille de la Moskowa.
Bataille de Lutzen.
Bataille de Bautzen.
Bataille de Dresde.
Batailles de Wachau et de Leipzig.
Bataille de Hanau.
Carte générale de la Campagne de France.
Bataille de Montmirail.
Bataille de Montereau.
Bataille de Paris.
Bataille de Toulouse.
Théâtre de la Guerre en 1815.
Bataille de Ligny.
Bataille de Waterloo.

CAMPAGNES DE L'ALGÉRIE.

Carte générale de l'Algérie.
Expédition d'Alger.
Siége de Constantine.
Bataille d'Isly.
Carte de la Kabylie.

GUERRE D'ORIENT.

Carte du Théâtre de la Guerre en Orient.
Théâtre des Opérations autour de Sébastopol.
Bataille de l'Alma.
Bataille de Balaclava.
Bataille d'Inkerman.
Bataille de Traktir.
Plan général des Attaques devant Sébastopol.
Carte de la Baltique avec les Plans de Cronstadt et de Bomarsund.

GUERRE D'ITALIE.

Carte du Théâtre de la Guerre d'Italie, en 1859.
Combat de Montebello.
Combat de Palestro.
Combat de Turbigo.
Bataille de Magenta.
Combat de Melegnano (Marignan).
Bataille de Solferino.

Paris.— Imprimerie Parisienne. — Marchand frères et Compagnie, rue d'Enghien, 14.

G

1398

PARIS. — MARCHAND FRÈRES ET COMPAGNIE
14, RUE D'ENGHIEN, 14

Planche 25. — Méthodes usitées pour exprimer le relief du terrain :
Carré nº 1. Par la perspective.
» Par le profil.
» 2. Par des hachures arbitrairement fixées et espacées, lumière oblique.
» 3. Par des courbes de niveau équidistantes.
» 4. Par des lignes de plus grande pente.

— 26. — Méthode usitée pour exprimer le relief du terrain :
Carré nº 5. Par des teintes, lumière verticale.
» 6. id. lumière oblique.
» 7. Carte dessinée, lavée à l'effet pittoresque ou à l'effet.
» 8. Carte gravée, lavée topographiquement.

— 27. — **Teintes et signes conventionnels** en usage dans les divers établissements de l'État, pour les cartes topographiques et géographiques, dessinées et gravées.
Terres labourées dans les pays entièrement cultivés.
» dans les pays de montagne.
Terres humides, vignobles, prairies, vergers, friches, forêts et bois, broussailles, bruyères, landes et haies.

— 29. — **Teintes**, etc.
Tourbières, marais, marais boisés, marais salants, rizières, dunes, galets, sables, vases, rochers plats dans la mer, jardins, bâtiments et constructions.

Planche 29. — **Teintes**, etc.
Sources, ruisseaux, rivières, fleuves, mer, lac, étang; limites d'état, de département, d'arrondissement, de canton, de communes, couleurs employées habituellement pour indiquer chaque nation.

— 30. — Signes conventionnels pour les actions militaires; positions successives des deux armées dans une bataille.

— 31-32 — Modèles de topographie et signes conventionnels adoptés par les ingénieurs hydrographes de la marine.

— 33. — Spécimen d'une carte marine, côtes. (Côtes de France, Nice, etc.)

— 34. — Spécimen d'une carte marine, île. (Ile Sainte-Hélène.)

— 35. — Carte d'assemblage des feuilles de la carte topographique de la France, gravée au dépôt de la Guerre, avec indication des limites des départements, des divisions militaires et des grands commandements. Explication des signes conventionnels adoptés pour la gravure de la carte de France.

— 36. — Spécimen de la carte topographique de la France, gravée au dépôt de la Guerre, à l'échelle du $\frac{1}{80,000}$ d'après les levés de MM. les officiers d'état-major.

— 37. — Carte d'assemblage des feuilles de la carte géométrique de la France, par Cassini, avec indication des limites des anciennes provinces et des départements. Explication des signes conventionnels employés dans cette dernière carte.

— 38. — Spécimen de la carte géométrique de la France, dite de l'Académie des Sciences, par Cassini.

TOME PREMIER.

Nº d'ordre gravé sur chaque carte.	
1—2	Carte de la Grèce ancienne.
3—4	» du Péloponèse.
5—6	» de la retraite des dix mille.
7—8	» des expéditions d'Alexandre.
9—10	Batailles de Thymbrée et de Marathon.
11—12	Plan du Passage des Thermopyles; trait du Tableau de Léonidas, par David.
13—18	Combat de Salamine et première Bataille de Mantinée.
14—15	Aperçu de la phalange et de ses mouvements.
16—17	Ordre de bataille, mouvements de la cavalerie.

Nº d'ordre gravé sur chaque carte.	
19—20	Batailles de Cunaxa et de Leuctres.
21—22	Deuxième bataille de Mantinée et Passage du Granique.
23—26	Batailles d'Issus et d'Arbelles.
24—25	Armes et machines de guerre en usage chez les Grecs.
27—28	Passage de l'Hydaspe et troisième bataille de Mantinée.

TOME II.

29—30	Batailles de Télamon et d'Antiochus Soter contre les Galates.
31—32	Aperçu de la légion romaine à ses différentes époques.
33—34	Armée romaine en bataille.

N° d'ordre gravé sur chaque carte.	
195—196	Friedland.
197—198	Thann, Abensberg et Eckmühl.
199—200	Wagram.
201—202	Smolensk et Valoutina.
203—204	La Moskowa.
205—206	Lutzen.
207—208	Bautzen.
209—210	Dresde.
211—212	Wachau et Leipzig.
213—214	Hanau.
215—216	Montmirail.
217—218	Montereau.
219—220	Toulouse.
221—222	Ligny.
223—224	Waterloo.
225—226	Carte générale pour l'intelligence des principales opérations de la Campagne de France en 1814.
227—228	Théâtre de la Guerre pendant la Campagne de 1815.
229—230	Bataille de Paris.

LÉGENDES.

CAMPAGNES DE L'ALGÉRIE.

N° d'ordre gravé sur chaque carte.	
231—232	Carte générale de l'Algérie.
233—234	Expédition d'Alger et prise de la ville.
235—236	Siége de Constantine.
237—238	Bataille d'Isly.
239—240	Carte de la Kabylie.

GUERRE D'ORIENT.

241—242	Carte du Théâtre de la Guerre en Orient.
243—244	Carte du Théâtre de la Guerre en Crimée.
245—246	Bataille de l'Alma.
247—248	Bataille de Balaclava.
249—250	Bataille d'Inkerman.
251—252	Bataille de Traktir.
253—254	Attaques de Sébastopol.
255—256	Carte de la Baltique avec les Plans de Cronstadt et de Bomarsund.

GUERRE D'ITALIE.

257—258	Carte du Théâtre de la Guerre d'Italie, en 1859.
259—260	Combat de Montebello.
261—262	Combat de Palestro.
263—264	Combat de Turbigo.
265—266	Bataille de Magenta.
267—268	Combat de Marignan.
269—270	Bataille de Solferino.

Paris.— Imprimerie Parisienne. — Dupray de La Mahérie et Compagnie, rue d'Enghien, 14.

PLANCHE 25. — Méthodes usitées pour exprimer le relief du terrain :
Carré nº 1. Par la perspective.
» Par le profil.
» 2. Par des hachures arbitrairement fixées et espacées, lumière oblique.
» 3. Par des courbes de niveau équidistantes.
» 4. Par des lignes de plus grande pente.

— 26. — Méthode usitée pour exprimer le relief du terrain :
Carré nº 5. Par des teintes, lumière verticale.
» 6. id. lumière oblique.
» 7. Carte dessinée, lavée à l'effet pittoresque ou à l'effet.
» 8. Carte gravée, lavée topographiquement.

— 27. — **Teintes et signes conventionnels** en usage dans les divers établissements de l'État, pour les cartes topographiques et géographiques, dessinées et gravées.
Terres labourées dans les pays entièrement cultivés.
» dans les pays de montagne.
Terres humides, vignobles, prairies, vergers, friches, forêts et bois, broussailles, bruyères, landes et haies.

— 29. — **Teintes**, etc.
Tourbières, marais, marais boisés, marais salans, rizières, dunes, galets, sables, vases, rochers plats dans la mer, jardins, bâtiments et constructions.

— 29. — **Teintes**, etc.
Sources, ruisseaux, rivières, fleuves, mer, lac, étang; limites d'état, de département, d'arrondissement, de canton, de communes, couleurs employées habituellement pour indiquer chaque nation.

— 30. — Signes conventionnels pour les actions militaires; positions successives des deux armées dans une bataille.

— 31-32 — Modèles de topographie et signes conventionnels adoptés par les ingénieurs hydrographes de la marine.

— 33. — Spécimen d'une carte marine, côtes. (Côtes de France, Nice, etc.)

— 34. — Spécimen d'une carte marine, île. (Ile Sainte-Hélène.)

— 35. — Carte d'assemblage des feuilles de la carte topographique de la France, gravée au dépôt de la Guerre, avec indication des limites des départements, des divisions militaires et des grands commandements. Explication des signes conventionnels adoptés pour la gravure de la carte de France.

— 36. — Spécimen de la carte topographique de la France, gravée au dépôt de la Guerre, à l'échelle du $\frac{1}{80,000}$ d'après les levées de MM. les officiers d'état-major.

— 37. — Carte d'assemblage des feuilles de la carte géométrique de la France, par Cassini, avec indication des limites des anciennes provinces et des départements. Explication des signes conventionnels employés dans cette dernière carte.

— 38. — Spécimen de la carte géométrique de la France, dite de l'Académie des Sciences, par Cassini.

RÉPUBLIQUE, CONSULAT ET EMPIRE.

Portrait de Napoléon.
Fac-simile.
Carte générale des Guerres de la Vendée.
Théâtre de la Guerre en Vendée.
Siége de Toulon.
Bataille de Castiglione.
Bataille d'Arcole.
Bataille de Rivoli.
Bataille des Pyramides.
Combat naval d'Aboukir.
Bataille de Zurich.
Bataille d'Héliopolis.
Carte des Alpes.
Théâtre de la Guerre d'Italie en 1800 et 1801.
Défense de Gênes et du Var.
Siége de Gênes.
Bataille de Marengo.
Allemagne en 1800, 1re planche.
Dº dº 2e planche.
Bataille de Hohenlinden.
Attaque de Copenhague.
Bataille d'Austerlitz.
Bataille d'Iéna.
Bataille d'Eylau.
Bataille de Friedland.
Carte d'Espagne et de Portugal.

PARIS. — IMPRIMÉ CHEZ BONAVENTURE ET DUCESSOIS, 55, QUAI DES AUGUSTINS.

www.ingramcontent.com/pod-product-compliance
Ingram Content Group UK Ltd.
Pitfield, Milton Keynes, MK11 3LW, UK
UKHW012106240726
13965UKWH00004B/1576